Die Frauenschule.

Vortrag

auf dem 17. Schleswig-Holsteinischen Städtetag
am 15. Juni 1912 in Kiel.

Von

Stadtschulrat Dr. Poppe in Kiel.

Bonn,
A. Marcus und E. Weber's Verlag
1912.

Sehr geehrte Herren! Wenn ich es unternehme, über die Frauenschule zu Ihnen zu sprechen, so bin ich mir klar, daß ich damit in die Erörterung der schwierigsten Frage eintrete, welche es auf dem Gebiete des höheren Mädchenschulwesens nicht nur, sondern des höheren Schulwesens überhaupt zurzeit gibt. Um deshalb so gründlich wie möglich zu verfahren und Sie urteilsfähig zu machen in einer Materie, die zu beherrschen auch dem Fachmann, wenigstens auf dem augenblicklichen Standpunkt der Entwicklung, nicht leicht ist, habe ich geglaubt, nicht nur die schon bestehenden Frauenschulen betrachten, sondern zuerst die Voraussetzungen, unter denen sie entstanden sind, prüfen, sowie die eigenartige Ausgestaltung, welche das höhere Mädchenschulwesen seit seiner Neuordnung in Preußen erfahren hat, kennzeichnen zu müssen. Erscheint der Weg, den die Ihnen vorzutragenden Erörterungen nehmen werden, auch lang, so ist er es doch nicht, bietet aber die einzige Möglichkeit, zum Ziele zu kommen, das heißt, einen richtigen Einblick zu gewinnen in das Wesen der Frauenschule, wie es durch die ministerielle Neuordnung gedacht und wie es durch Staat und Kommunen, bisher in dreijähriger Wirksamkeit, ausgebildet ist. Auch wie sich das Publikum der Eltern in seiner Wertschätzung dazu stellt, wird zu kennzeichnen sein. Deshalb bitte ich Sie, diesem Gedankengange Ihre Aufmerksamkeit nicht zu versagen.

Ich werde besprechen:

1. den Ministerialerlaß über die Neuordnung des höheren Mädchenschulwesens in Preußen vom 18. August 1908 mit besonderer Berücksichtigung der Frauenschule,
2. die Ausgestaltung des höheren Mädchenschulwesens in Preußen von Ostern 1909 bis Ostern 1912 unter demselben Gesichtspunkte,
3. die beiden Richtungen der zurzeit bestehenden Frauenschulen.

Die vorletzten Ministerialbestimmungen vom 31. Mai 1894 hatten als einzige Form für die höhere Mädchenschule eine Schulzeit von 9 Jahren als Regel vorgesehen, eine zehnjährige Schulzeit als Ausnahme hingestellt. Das Mädchen, welches mit sechs Lebensjahren in die Schule gekommen war, mußte sie mit 15 Lebensjahren, bei regelmäßiger Versetzung, verlassen. Wollte es die erworbene, sogenannte höhere Bildung weiterführen, konnte es das nur durch den dreijährigen Besuch eines Lehrerinnenseminars, das auf die Prüfung als Lehrerin an höheren und mittleren Mädchenschulen oder als Volksschullehrerin vorbereitete und also diesen Zielen entsprechend in der Hauptsache allein pädagogische Fachausbildung vermittelte. Denn die in den Ministerialbestimmungen gebotene Empfehlung von „wahlfreien Kursen“, deren Ausgestaltung bis zu dreijähriger Dauer, also bis zum 18. Lebensjahre, in dem Erlasse vom 13. Dezember 1898 nachträglich noch gestattet wurde, hatte der damit gegebenen Anregung nicht entsprochen insofern, als man über schwache Versuche nicht hinausgekommen war.

Der letzte Ministerialerlaß vom 18. August 1908 und seine Ausführungsbestimmungen vom 12. Dezember 1908 führten nunmehr als Normalform die zehnklassige Schule durch und gaben ihr, organisch mit ihr verbunden, einen Aufbau und einen Seitenbau. Nach dem späteren Ministerialerlaß vom 1. Februar 1912 trägt fortan die Normalform den Namen „Lyzeum“, der Aufbau den Namen „Oberlyzeum“, der Seitenbau den Namen „Studienanstalt“. Die Ihnen auf Tafel I vorliegende schematische Zeichnung gibt Ihnen ein Bild von dem Gesamtorganismus des höheren Mädchenschulwesens, wie er gegenwärtig in Preußen besteht.[1])

Sie ersehen daraus erstens: Das Mädchen muß die Klassen 10 bis 4 durchmachen, erreicht mithin mindestens das 13. Lebensjahr, ehe es sich zu entscheiden braucht, welche Schulform es nach seiner Neigung und seinen Fähigkeiten für seine weitere Ausbildung wählen will. Selbst dann braucht die Entscheidung zunächst nur dahin getroffen zu werden, ob das Mädchen statt des Lyzeums das Realgymnasium besuchen soll. Denn soll es die Oberrealschule besuchen, kann es noch ein Jahr länger im gemeinsamen Unterbau des Lyzeums bleiben, also bis zum vollendeten 14. Lebensjahre, und vermag schließlich, sollten sich Neigung und Fähigkeiten erst später entwickeln, durch die drei wissenschaftlichen Fortbildungsklassen (O L III, O L II, O L I) und die Seminarklasse (SL) unter Erfüllung gewisser Bedingungen immer noch, nämlich nach dem vollendeten 20. Lebensjahre, den Weg auf die Universität zu finden. Soll es endlich das Gymnasium besuchen, kann es sich, da Realgymnasium und Gymnasium in U III und O III sowohl im Ausmaß der Stundenzahl (vgl. Bestimmungen unter C 3, b und c) wie im Lehrziel (vgl. Ausführungsbestimmungen unter D 5, A) und in den Lehraufgaben (D 5, C) genau übereinstimmen, noch zwei weitere Jahre, also bis zum vollendeten 15. Lebensjahre, Zeit lassen, ehe es sich entscheidet.

Tafel I.

Übersichtsplan zu d
des höheren Mä

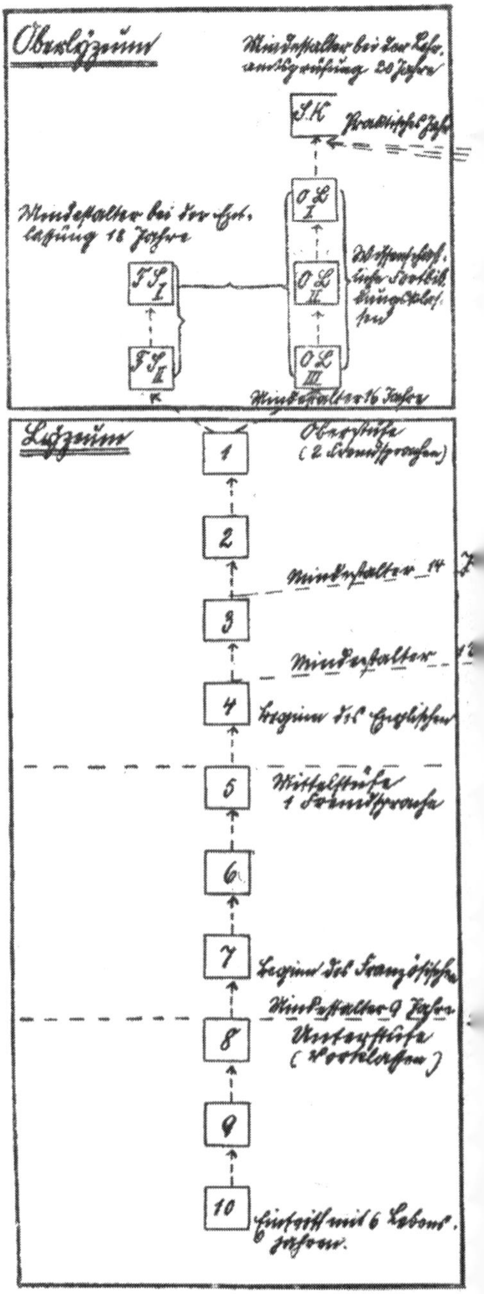

… Neuordnung
…schulwesens.

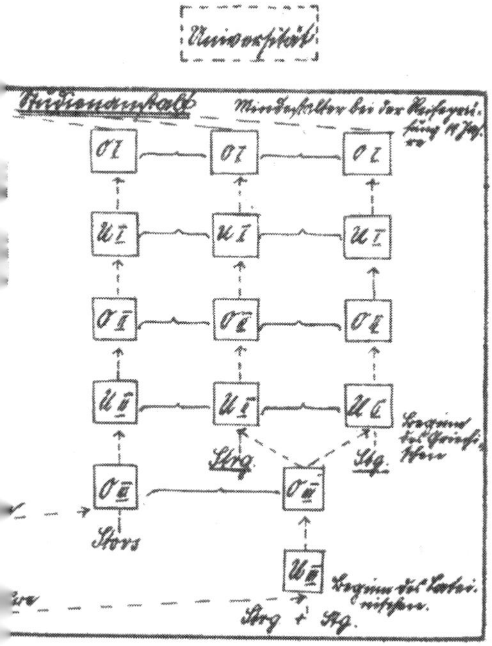

…rkung: die Strichlinien bedeuten Aufsteigen
…r Übergang in andere Klassen oder Anstalten,
…wagerechten Klammern die Möglichkeit ge-
…insamen Unterrichts der Schülerinnen verschie-
…er Klassen in einzelnen Fächern

Organisation der

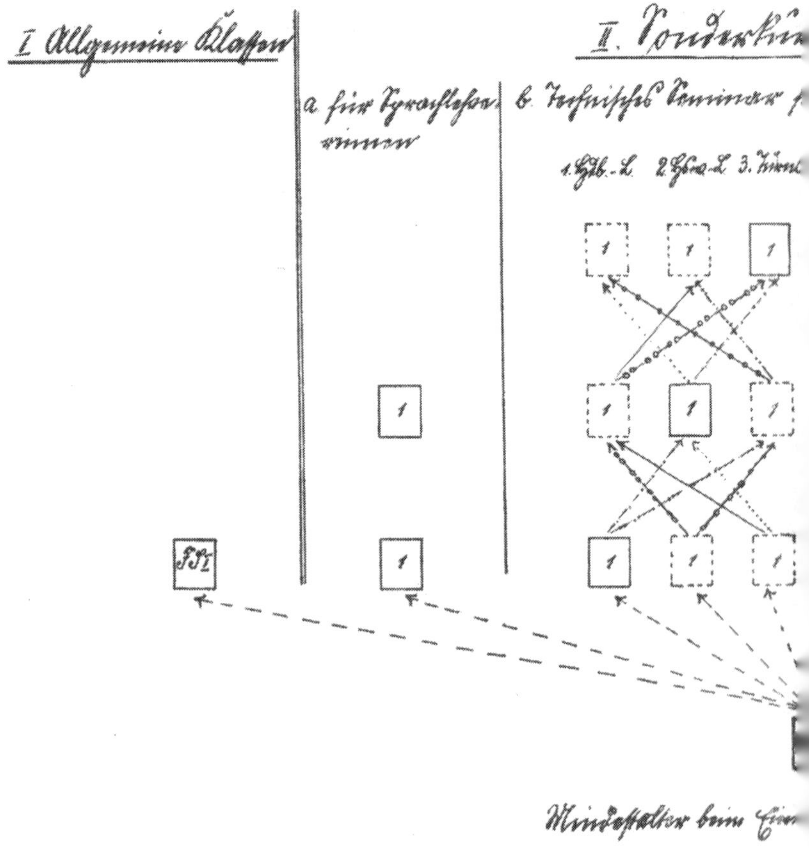

Tafel III.

…rauenschule.

III Weitere Möglichkeiten der Berufsausbildung.

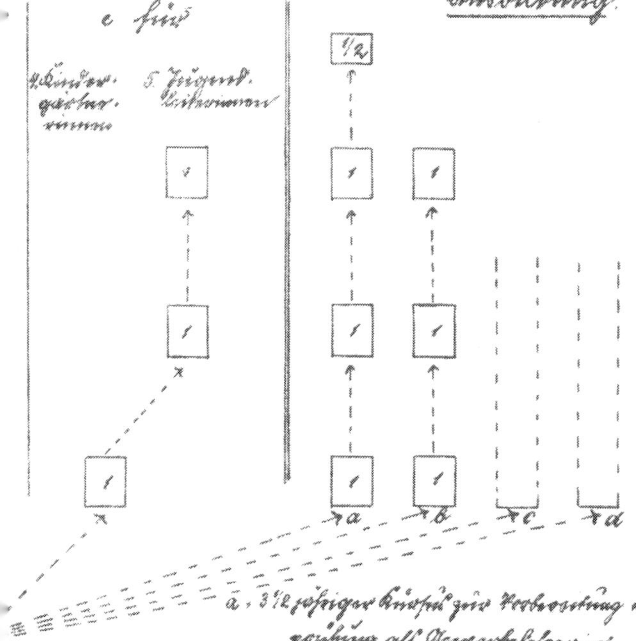

… 16 Jahre.

a. 3½ jähriger Kursus zur Vorbereitung auf die Abschlussprüfung als Gewerbelehrerin
b. 3 jähriger Kursus zur Vorbereitung auf die Diplomprüfung für den mittleren Bibliotheksdienst
c. Ausbildung von Hilfsarbeiterinnen in chemischen Laboratorien, besonders im Gesundheitsdienst.
d. Ausbildung für die sozialen Berufsarten.

Das höhere Mädchenschulwesen in Preußen hat damit also, und zwar in freigebigster Weise, was die Reformer des höheren Knabenschulwesens zu erreichen trachten, nämlich den gemeinsamen Unterbau nicht nur für die Oberrealschule und das Realgymnasium, sondern auch für das Gymnasium. Es ist wohl notwendig, das in diesem Zusammenhange einmal recht eindringlich hervorzuheben. Denn wenn man es für möglich hält, daß Mädchen mit bloß sechsjährigem Unterricht im Lateinischen bei vierjährigem Unterricht im Griechischen das Gymnasialabiturium bestehen — sollte man das bei Knaben nicht erreichen können?

Sie ersehen daraus zweitens: Das Mädchen kann wenigstens dieselbe Berufsvorbildung erhalten, welche auf der höheren Lehranstalt der Knabe erhält, d. h. Universitätsreife, vorgebildet auf Oberrealschule, Realgymnasium, Gymnasium, sowie Lehrerinnenbildung, erworben in den drei wissenschaftlichen Fortbildungsklassen und dem Jahr der Seminarklasse. Bleibt die Einrichtung der Studienanstalt bestehen, so kann es nur eine Frage der Zeit sein, daß auch praktisch die Konsequenzen gezogen, das heißt, den jungen Mädchen die akademischen Berufe selbst, insoweit sie es noch nicht sind, in demselben Umfange geöffnet werden müssen wie den jungen Männern.

Sie ersehen aber daraus drittens: Neben den Anstalten für die Vorbildung auf einen eigentlichen Beruf, wie es Studienanstalt und Lehrerinnenseminar sind, steht im Aufbau des Oberlyzeums noch eine zweite Anstalt. Das sind die mit F S II und F S I bezeichneten beiden Klassenzüge: die Frauenschule. (Tafel I.)

Es soll Leute geben, welche es nicht als einen „eigentlichen" Beruf, als einen Beruf an sich betrachten, Frau zu sein, welche es jedenfalls nicht für notwendig halten, besonders darauf vorzubereiten. Was braucht ein junges Mädchen der höheren Stände viel zu lernen! Hat meine Tochter zehn Jahre lang die Schulbank gedrückt, Französisch und Englisch und neuerdings sogar Mathematik wissenschaftlich getrieben, weiß sie genug. Lernt sie dann noch in einem schweizerischen Pensionat französisch und englisch parlieren, Malen und Singen und Klavierspielen für den Hausgebrauch, Tanzen und Tennisspielen, so ist sie eine perfekte Dame der guten Gesellschaft. Sie wird sich verheiraten, sie wird Frau sein. Sie kann Mutter werden. Man braucht dazu nicht viel gelernt zu haben. Den Haushalt in Ordnung halten, hauswirtschaftlich rechnen und buchführen, nach vernünftigen Grundsätzen der Gesundheitslehre leben, Kinder pflegen, erziehen und unterrichten, von Kunst und dem politischen und kommunalen Leben der Gegenwart einigermaßen ernsthaft zu reden wissen, wissen, daß es Aufgaben der sozialen Barmherzigkeit und Nächstenliebe gibt — das kommt alles von selbst in der Ehe. Weiß ich es nicht, sagt die bescheidene junge Frau, weiß es mein Mann; in der Schule haben wir das nicht gehabt.

Der Ministerialerlaß über die Neuordnung des höheren Mädchenschulwesens in Preußen vom 18. August 1908 hat sich, tief einschneidend in solche Anschauungen der höheren Stände, auf einen völlig anderen Standpunkt gestellt. Es ist wohl notwendig, auch das einmal recht eindringlich hervorzuheben. Nicht erst das spätere Leben oder der mehr oder weniger zufällige Ehemann und sein Beruf sei der Lehrer der Frau! Sondern vorher muß die Möglichkeit geboten werden, nicht bloß für diejenigen, welche heiraten, vielmehr für diejenigen, welche nicht heiraten, die auf der Schule erworbene Bildung in der Richtung der Lebensaufgaben einer deutschen Frau zu ergänzen und in den Pflichtenkreis des häuslichen Familien- und des weiteren Gemeinschaftslebens einzuführen. Nach der zehnjährigen Schule für die Mädchen eine zwei- oder doch mindestens einjährige Schule für die Frauen! Es wäre der größte Mangel der „Neuordnung", hätte sie die Frauenschule nicht geschaffen. Es ist ihr größter Vorzug, daß sie sie geschaffen hat. Studienanstalt und Lehrerinnenseminar waren bloß zuzuschneiden, um sie passend zu machen und den Mädchen die Berufsvorbildung, welche den Knaben geboten ist, ebenfalls zu bieten. Ist aber der Beruf als Frau auch ein „eigentlicher" Beruf, der das Dasein eines jungen Mädchens der höheren Stände ausfüllen kann, so mußte man sich darüber klar sein, daß Mädchen zu diesem Frauenberuf anders erzogen sein wollen als Knaben zu Männerberufen. Darum mußte die Frauenschule neu gedacht werden als eine Schulform für sich und nur für die Frauen. Und weil es wahrscheinlich immer mehr junge Mädchen geben wird, die, aus Gefühlsrücksichten, den Beruf als Frau wählen, als solche, die den Beruf als wissenschaftliche Lehrerin, Oberlehrerin, Ärztin, Rechtsanwältin, Baumeisterin usw. vorziehen, sollte sich die Bevölkerung immer mehr mit dem Gedanken der Frauenschule befreunden, sollten diejenigen, welche darüber zu bestimmen haben, immer mehr Frauenschulen einrichten. Welche Bedeutung der Ministerialerlaß selbst seiner Neuschöpfung beimißt, geht daraus hervor, daß er festsetzt, eine Studienanstalt solle in der Regel nur dort genehmigt werden, wo zunächst für die allgemeine Weiterbildung durch Errichtung einer Frauenschule gesorgt ist.

Es ist nun höchst interessant zu sehen, welche Ausgestaltung das höhere Mädchenschulwesen in Preußen seit seiner Neuordnung während der vergangenen drei Jahre, von Ostern 1909 bis Ostern 1912, unter diesen veränderten alten sowohl wie unter den neuen Gesichtspunkten, gefunden hat. Die Zusammenstellung auf Tafel II gibt Ihnen ein Bild davon. Sie ist erfolgt nach den amtlichen Angaben im „Zentralblatt für die gesamte Unterrichtsverwaltung in Preußen“, und zwar nach dem jeweiligen Stande der Jahre 1910, 1911 und 1912, wie er in den Januarheften 1910 (S. 166 ff.), 1911 (S. 128 ff.) und 1912 (S. 127 ff.) angegeben ist. Die Spezialtabellen, welche eine Zusammenstellung nach Provinzen geordnet bieten, habe ich geglaubt, ihres Umfanges wegen heute nicht besonders vervielfältigt vorlegen zu müssen. Die Tafel II bietet also nur die Addition über die Zahl und Art der höheren Lehranstalten für die weibliche Jugend, wie sie für die drei letzten Jahre 1910, 1911 und 1912 in bezug auf das ganze Preußen insgesamt gilt.[2])

Tafel II.

Zahl und Art der höheren Lehranstalten für die weibliche Jugend in Preußen.

Nr.	Jahr	Lyzeen			Oberlyzeen						Studienanstalten								
					Frauenschulen			Wiss. Kl.			Gymnasien			Realgymn.			Oberrealschulen		
		kgl.	stdt.	prv.	kgl.	stdt.	prv.	kgl.	stdt.	prv.	kgl.	stdt.	prv.	kgl.	stdt.	prv.	kgl.	stdt.	prv.
1	Januar 1910	5	162	177	4	17	24	5	57	39	1	—	1	2	18	3	1	—	—
2	„ 1911	5	215	202	5	24	34	5	63	48	1	1	—	2	23	3	1	1	—
3	„ 1912	5	230	210	5	28	38	5	65	49	1	1	—	2	23	3	1	2	—

Die Zahlensummen der Tabelle sind nach drei Richtungen hin lebendig zu machen. Es zeigt sich erstens, daß der Staat 5 Lyzeen, 4 Frauenschulen, 5 wissenschaftliche Fortbildungsklassen, d. h. höhere Lehrerinnenseminare, und 4 Studienanstalten im Jahre 1910 unterhielt, welche auf die Provinzen Brandenburg (nämlich 2 in Berlin), Posen (nämlich in Posen), Sachsen (nämlich in Droyssig) und auf die Rheinprovinz (nämlich in Trier) entfallen. Droyssig erhielt die Frauenschule erst 1911 und besitzt keine Studienanstalt. An Studienanstalten hat der Staat alle drei Formen eingerichtet, nämlich Gymnasium und Oberrealschule in Berlin, Realgymnasium in Posen und Trier. Sind mithin alle Arten der jetzt zulässigen höheren Lehranstalten für die weibliche Jugend in den staatlichen Einrichtungen vertreten, so ist doch ihre Zahl, verglichen mit den Königlichen höheren Lehranstalten für die männliche Jugend, verschwindend klein und auch in den letzten drei Jahren bis 1912 nicht vermehrt worden. Wenn man sich dagegen erinnert, daß in jeder Provinz eine große Menge von Königlichen höheren Lehranstalten für die männliche Jugend vorhanden sind, so wird man zugeben müssen, daß die Anerkennung, welche der Ministerialerlaß vom 18. August 1908[3]) in seinen einleitenden Bemerkungen ausspricht, die Städte hätten in dankenswerter Weise für die Gründung und Ausgestaltung der höheren Mädchenschule Opfer gebracht, nur allzu begründet ist. Man kann vielleicht weitergehen und wird angesichts der vorliegenden Zahlensummen nicht mit Unrecht behaupten können, daß die Entwicklung des höheren Mädchenschulwesens, stark kontrastierend mit der des höheren Knabenschulwesens, fast nur in der Hand der Städte und in derjenigen von Privaten gelegen hat und noch liegt. Denn gegenüber den 5 Königlichen gab es 1910 an städtischen Anstalten 162 Lyzeen, 17 Frauenschulen, 57 wissenschaftliche Fortbildungsklassen, 18 Studienanstalten, und an privaten Anstalten 177 Lyzeen, 24 Frauenschulen, 39 wissenschaftliche Klassen, 4 Studienanstalten. Aber gegenüber der Vermehrung der Königlichen Anstalten um die eine Frauenschule in Droyssig wurden die städtischen Anstalten vermehrt um 68 Lyzeen, 11 Frauenschulen, 8 wissenschaftliche Klassen und 8 Studienanstalten, die privaten um 33 Lyzeen, 14 Frauenschulen, 10 wissenschaftliche Klassen, während eine Studienanstalt einging. Bei privaten Anstalten, deren Leiter verdienen wollen, weil sie leben müssen, wird man von Opfern nicht reden können. Aber sicher dürfte sein, daß die Städte für das höhere Mädchenschulwesen in der Tat sehr erhebliche Opfer bringen. Das ist die zweite Richtung, nach welcher der ziffernmäßige Nachweis dieser Tabelle lehrreich ist. Die dritte Richtung endlich wird ausschlaggebend für das zur Behandlung stehende Thema der Frauenschule. Die städtischen und privaten Anstalten zusammengenommen sind in den letzten drei Jahren vermehrt worden um 101 Lyzeen, 25 Frauenschulen, 18 höhere Lehrerinnenseminare und 7 Studienanstalten. Die stärkste Vermehrung fanden mithin die Lyzeen. Das mußte nach der Neuordnung von 1908 die naturgemäße Entwicklung sein, da einerseits die Lyzeen die Grundform aller höheren Lehranstalten für die weibliche Jugend bilden und nach dem Obengesagten immer bilden müssen, andererseits aber eine Anzahl von höheren Mädchenschulen, die bisher nur als Mittelschulen galten, ihren Klassenzügen nur eine Stufe bezw. zwei aufzusetzen brauchten, um damit als höhere Lehranstalten in dem neuen Sinne zu gelten und wie die höheren Knabenschulen den Königlichen Provinzial-Schulkollegien, nicht mehr der Königlichen Regierung, unterstellt zu werden. Von den drei Formen der weiterführenden Bildungsanstalten jedoch haben nicht das höhere Lehrerinnenseminar oder die Studienanstalt die stärkste Vermehrung gefunden, sondern die Frauenschule. Es gibt jetzt in jeder preußischen Provinz neben den vorher schon vorhandenen höheren Lehrerinnenseminaren Frauenschulen und Studienanstalten. Nur in einer Provinz, nebenbei gesagt, gibt es keine

Studienanstalt, in Schleswig-Holstein! Aber hier in Kiel haben wir durch Einrichtung eines einjährigen Kursus zur Vorbereitung auf die Oberrealschulreife für Schülerinnen, welche die drei wissenschaftlichen Klassen des höheren Lehrerinnenseminars mit Erfolg durchgemacht haben oder durch eine Aufnahmeprüfung eine dem gleichartige Vorbildung nachzuweisen imstande sind, wenigstens vorläufig einen Ersatz für die Studienanstalt zu schaffen versucht. Ist mithin, zusammengenommen, die Errichtung von Frauenschulen auch noch nicht in der zahlreichen Weise erfolgt, wie es derjenige wünschen möchte, welcher in ihnen die beste Errungenschaft der Neuordnung von 1908 sieht, so besteht heute, da 9 Frauenschulen mehr als höhere Lehrerinnenseminare und 2 Frauenschulen mehr als Studienanstalten ins Leben gerufen worden sind, doch nicht das Bedauern zu Recht, welches der Ministerialerlaß ausdrückt, wenn er sagt, die Städte seien an die wichtige Aufgabe der Errichtung von Frauenschulklassen noch gar nicht oder nur mit ganz vereinzelten Versuchen herangetreten.[4]) Es dürfte auch die Entwicklung der letzten drei Jahre ungefähr schon das Verhältnis angedeutet haben, in welchem sie weitergehen wird: eine kleine Anzahl von Anstalten für diejenigen Köpfe der weiblichen Jugend, welche befähigt, das heißt geistig und körperlich stark genug sind, die Strapazen des langen Weges durch das Universitätsstudium auszuhalten; eine größere Anzahl von Anstalten für diejenigen, welche auf der Grundlage der höheren Bildung rascher zum Ziele, zur Stellung als Lehrerin und zum Broterwerb kommen müssen; die größte Anzahl von Anstalten aber für diejenigen, welche den Beruf als Frau für sich erhoffen. Um so mehr dürfte damit das Richtige getroffen sein, wenn man erwägt, daß 1900 in Deutschland innerhalb der über 20 Jahre alten weiblichen Bevölkerung den 4 Millionen ledigen Frauen 9,75 verheiratete und 2,41 Millionen verwitwete und geschiedene, also im ganzen 12,16 Millionen Frauen gegenüberstehen, welche zur Ehe gelangten, und jene 4 Millionen größtenteils auch nur vorübergehend ledig geblieben waren.[5])

Die Errichtung von Frauenschulen, wo sie neu vorgenommen werden soll, heute der praktischen Lösung zuzuführen, ist nicht mehr ganz so schwierig wie vor drei Jahren. Es gibt in Preußen in 32 Städten 33 Frauenschulen (in Berlin 2), wenn von den privaten Anstalten abgesehen wird. Denn so wichtig die privaten Frauenschulen für die Entwicklung des höheren Mädchenschulwesens sind oder werden mögen, verfügen sie im allgemeinen doch wohl nicht in so reichem Maße über die finanziellen Mittel wie die städtischen, sind doch wohl nicht so fest an die bestimmten Bedingungen des Ministerialerlasses — ich denke dabei hauptsächlich an die Zusammensetzung der Lehrerkollegien, die Einkommenverhältnisse der Lehrpersonen und die Beschaffung und Ausstattung der Lehrräume — gebunden und bieten doch wohl nicht so eigenartige Einrichtungen, daß man sie notwendigerweise berücksichtigen müßte, wenn es sich darum handelt, sich eine Anschauung über die Art der Frauenschulen zu verschaffen. Wollte man aber die Art der Frauenschulen, das heißt, die Unterrichtsverteilung, die innere Organisation des Unterrichtsbetriebes, die dafür erforderlich gewordenen baulichen Einrichtungen und ihre Ausstattung mit Lehrmitteln, sowie die Kosten persönlicher und sachlicher Art, die einmalig und laufend bisher für sie aufgewendet wurden, genau und in den Einzelheiten erkennen, so könnte das einwandfrei nur geschehen an der Hand eines gründlich, scharf und umfangreich aufgestellten Fragebogens, den man die Stadtverwaltungen aufzustellen bitten müßte. Es möchte das vielleicht eine Aufgabe sein, die die neugegründete „Auskunftsstelle preußischer Städte in Angelegenheiten der höheren Schulen zu Hannover“ dankenswerterweise einmal zu lösen hätte. Für die Zwecke der heutigen Stunde dürfte es ausreichend gewesen sein, glaube ich, die Programme der Frauenschulen studiert zu haben, welche im Druck vorliegen. Die Direktoren der beteiligten Anstalten haben sie mir, zum Teil mit 4 Jahrgängen — 1909, 1910, 1911, 1912 — auf meine Bitte mit großer Bereitwilligkeit zur Verfügung gestellt und mich auf Vorträge und Aufsätze aufmerksam gemacht, welche zur Aufklärung über die neue Schulart gehalten beziehungsweise veröffentlicht worden sind.[6])

Es gibt, auf die Provinzen verteilt, in Westpreußen, Pommern, Schleswig-Holstein und Hessen-Nassau je 1, in Posen, Schlesien und Westfalen je 2, in Ostpreußen, Brandenburg und Sachsen je 3, in Hannover 4 und in der Rheinprovinz 10 Frauenschulen. Sie wurden insgesamt besucht im Schuljahr 1909/10 von 606, 1910/11 von 853, 1911/12 von 1077 jungen Mädchen. An den 4 Königlichen Anstalten wird gleichmäßig ein Schulgeld von 150 M. jährlich erhoben, an den städtischen Anstalten ist das Schulgeld verschieden zwischen 100 bis 200 M. jährlich. Bromberg erhebt für 12 Stunden 96 M., für jede weitere Stunde 8 M. mehr. Eine ähnliche Schulgeldordnung haben Breslau, Magdeburg, Celle, Bielefeld u. a. Am freiesten gestaltet ist die Schulgeldordnung in Elberfeld; hier kosten nach Art der Universitätsvorlesungen pro Jahr die wissenschaftliche Stunde 8 M., für Lehrerinnen 12 M., für Hospitantinnen 15 M., die naturwissenschaftliche Stunde 10 M., für Lehrerinnen 15 M., für Hospitantinnen 18 M., die Kochstunde 20 M., die Handarbeits- und Nadelarbeitsstunde je 8 M., die Turn- und Zeichenstunde je 6 M., Krippe und Kinderhort zusammen 20 M., Kindergartentheorie und -praxis 20 M., für Sprachlehrerinnen (Hospitieren im Höheren Lehrerinnenseminar) 40 M., für Schülerinnen, die später in die erste Klasse des Kindergärtnerinnenseminars eintreten wollen, 200 M., für das Kindergärtnerinnenseminar selbst im ersten Jahr (Klasse II) 180 M., im zweiten Jahre (Klasse I) 200 M., für den dreijährigen Kursus des technischen Seminars 250 M. Außerdem besteht in Elberfeld die Bestimmung, daß würdigen und bedürftigen Schülerinnen Schulgeldbefreiung gewährt werden kann.

Wie die Frauenschuleinrichtungen von den Städten organisiert worden sind, ist zu ersehen aus der schematischen Zeichnung der Tafel III.[7]) Danach hat die Frauenschule erstens ein Ziel und zweitens ein Nebenziel.[8]) Das Ziel ist das der allgemeinen Frauenschule, das Nebenziel das der Sonderkurse, die mit ihr verbunden sein können. Weitere Möglichkeiten drittens, durch die eine Berufsausbildung erzielt werden kann, haben zwar die Vorbildung auf der Unterstufe der Frauenschule ebenfalls zur Voraussetzung, liegen aber außerhalb der Aufgaben, welche zu erfüllen die eigentliche Frauenschule bisher bestrebt ist; sie sind hier nur der Vollständigkeit wegen aufgeführt worden.

Die mit der Frauenschule verbundenen Sonderkurse konnten geschaffen werden auf Grund einer Anregung des Ministerialerlasses von 1908, welche lautet:[9])

> „Dringend erwünscht erscheint es, daß sich die Lyzeen darauf einrichten, den jungen Mädchen die Möglichkeit der Ausbildung als Sprachlehrerin, Hauswirtschafts-, Handarbeits-, Turnlehrerin und dergleichen — gegebenenfalls in Anlehnung an andere bereits bestehende Veranstaltungen — zu bieten, um auf diese Weise auch denjenigen jungen Mädchen, welche nicht die Berechtigung als wissenschaftliche Lehrerin erwerben wollen, Ziele zu stecken, Streben und Kraftübungen bei ihnen anzuspornen."

Danach erscheinen die bisher vorhandenen Sonderkurse gruppiert a) als solche für Sprachlehrerinnen, b) als technisches Seminar für Handarbeits-, Hauswirtschafts-, Turnlehrerinnen, c) als solche für Kindergärtnerinnen und Jugendleiterinnen. Gemeinsam ist allen, daß der Eintritt erst nach einjährigem erfolgreichen Besuch der Unterstufe (F S II) der allgemeinen Frauenschule, also erst mit dem erreichten Mindestalter von 17 Jahren, gestattet ist.[10])

Die besondere Vorbereitung für das Sprachlehrerinnenexamen hat mindestens zwei Jahrgänge und umfaßt eine spezielle Ausbildung im Französischen und Englischen und in der Methodik dieser Sprachen.[11])

Solche Kurse bestehen in Posen, Hannover, Hildesheim, Köln. Unterrichtsfächer sind Pädagogik (2 Stunden), Deutsch (4), Französisch (4), Englisch (4), in Hildesheim außerdem Geschichte und Kunstgeschichte (2), in Köln 5 Stunden statt 4 in Französisch und Englisch, außerdem Geschichte (2) und Gesundheitslehre (1).

Technische Seminare und Sonderkurse zur Ausbildung von Lehrerinnen der weiblichen Handarbeiten und der Hauswirtschaftskunde gab es schon vor der Errichtung der Frauenschule in größerer Zahl. Diejenigen, welche staatlich anerkannt sind, unterstehen entweder dem Kultusministerium oder dem Handelsministerium. Dem Kultusministerium unterstehen die technischen Seminare in Berlin (Vaterländischer Frauenverein, Hdb. u. Hsw.), Breslau (H. M.-S. von Frl. Hontschick, Hdb., und Frl. Pawel, Hsw.), Königshütte (Städtisches technisches Lehrerinnenseminar, Hdb. u. Hsw.), Dortmund (Städt. techn. L.-S., Hdb. u. Hsw.), Bielefeld (Städt. techn. L.-S., Hdb. u. Hsw.), Münster (Dückersche Schule, Hdb. u. Hsw.), Crefeld (Städt. techn. L.-S., Hdb. u. Hsw.), Elberfeld (Städt. techn. L.-S., Hdb. u. Hsw.). Dem Handelsministerium unterstehen die technischen Seminare in Königsberg (Ostpreußische Mädchengewerbeschule, Hdb. u. Hsw.), Danzig-Langfuhr (Gewerbe- und Haushaltungsschule, Hdb. u. Hsw.), Potsdam (Königliche Handels- und Gewerbeschule für Mädchen, Hdb. u. Hsw.), Berlin (Letteverein, Hdb. u. Hsw.; Pestalozzi-Fröbelhaus II, Hsw.; Heimathaus für Töchter höherer Stände, Hdb.), Stettin (Handels- und Gewerbeschule für Frauen und Töchter, Hdb. u. Hsw.), Posen (Königl. Handels- und Gewerbeschule für Mädchen, Hdb. u. Hsw.), Breslau (Frauenbildungsverein, Hdb. u. Hsw.; Gewerbeschule von Dora Mundt, Hdb. u. Hsw.), Neurode (Haushaltungs- und Gewerbeschule, Hsw.), Görlitz (Haushaltungs- und Gewerbeschule für Mädchen, Hdb. u. Hsw.), Magdeburg (Hausfrauenverein, Hdb. u. Hsw.), Halle (Handels- und Gewerbeschule für Mädchen, Hdb.), Erfurt (Institut von Frl. Marie Voigt, Hdb. u. Hsw.), Kiel (Frauengewerbeschule, Hdb.), Altona (Mädchengewerbeschule, Hdb.), Hannover, Kassel und Frankfurt a. M. (Frauenbildungsverein, Hdb. u. Hsw.), Wiesbaden (Institut Schrank, Hdb.), Rheydt (Königl. Handels- und Gewerbeschule für Mädchen, Hdb. u. Hsw.), endlich Eupen (Gewerbliche und kaufmännische Fachschule, Hdb. u. Hsw.).[12])

Die immerhin nicht geringe Zahl dieser technischen Seminare, die schon vor der Neuordnung von 1908 bestanden und sich über sämtliche preußischen Provinzen verteilen, ist nach der Neuordnung noch vermehrt worden durch diejenigen, welche den neuen Frauenschulen angegliedert worden sind. Wenn nur die königlichen und städtischen Frauenschulen genannt werden, welche Kurse für die technische Fachausbildung haben, so sind es die folgenden:

Tilsit (Königin-Luise-Lyzeum, Hsw.), Berlin (Königliche Augustaschule, Hsw.), Neumünster (Städtisches Lyzeum, Hdb. u. Hsw.), Hannover (Städt. Lyzeum I, Hdb.), Hildesheim (Städt. Lyzeum, Hdb. u. Hsw.), Köln (Königin-Luise-Schule, Hsw.), Crefeld (Städt. Lyzeum, Hdb. u. Hsw.), Elberfeld (Städt. Lyzeum, Hdb. u. Hsw.), Essen (Städt. Lyzeum, Hsw.), Kreuznach (Städt. Lyzeum, Hsw.). Nimmt man die technischen Seminare hinzu, welche von Privaten eingerichtet sind und unterhalten werden, ohne daß damit die Berechtigung zur Abhaltung von Prüfungen verbunden ist, so wird die Zahl noch wesentlich vermehrt. Dauer und Unterrichtsfächer der Vorbildung sind durch die Prüfungsordnungen (Ministerial-Erlasse vom 18. Mai 1908, 10. April 1911 und 8. März 1911) geregelt und in jüngster Zeit sehr gesteigert und werden deshalb nach Ausweis der Programme von den betreffenden Anstalten gleichmäßiger behandelt als die Kurse für Sprachlehrerinnen. Verschiedenartig ist indessen, wie die Zulassung zu den Terminen der Berechtigungsprüfungen behandelt wird (vgl. Tafel III). Kreuznach, das nur ein Seminar für Hauswirtschaftslehrerinnen hat, hält die Prüfung nach einem Jahre ab, fordert aber, wie es übrigens allgemein vorgeschrieben ist, beim Eintritt die Verpflichtung zur Ablegung einer zweiten Prüfung als technische Lehrerin (Turnen oder Handarbeit) und überläßt es den jungen Mädchen, die dazu erforderliche Vorbildung irgendwo zu suchen. Neumünster bereitet auf die staatliche Prüfung entweder als Hauswirtschaftslehrerin oder als Handarbeitslehrerin in je einem einjährigen Sonderkursus vor; aber es ist auch möglich, die beiden Fachprüfungen, wobei es gleichgültig ist, ob sich die Schülerin zuerst für Hauswirtschaft oder für Handarbeit entschieden hat, an der Frauenschule des Oberlyzeums selbst nacheinander abzulegen. Hildesheim hat in seiner ersten Abschlußprüfung die 14 Schülerinnen der Kurse, welche den Frauenschulabteilungen angegliedert sind, am 7. und 8. März 1912 gleichzeitig geprüft und das Zeugnis als Sprachlehrerin 3 Schülerinnen, als Handarbeits-, Hauswirtschafts- und Turnlehrerin 5, als Handarbeits- und Turnlehrerin 3, als Hauswirtschafts- und Turnlehrerin 2 Schülerinnen und als Handarbeits- und Hauswirtschaftslehrerin 1 Schülerin erteilt und damit alle Variationen geboten, welche zwischen den drei technischen Fächern möglich sind.

Kurse für die Ausbildung als Turnlehrerin sind in Verbindung mit den anderen technischen Fächern eingerichtet an den städtischen Frauenschulen in Tilsit, Hannover, Hildesheim, Crefeld und Elberfeld. Die Dauer der Ausbildung beträgt wie diejenige, welche neuerdings an der Königlichen Landesturnanstalt in Spandau, früher in Berlin, geboten wird, sechs Monate und wird gleichmäßig nach den ministeriellen Prüfungsordnungen gehandhabt.

Die letzte Einrichtung endlich, welche bisher die Folge der Neuordnung des Mädchenschulwesens und insbesondere der Schaffung der Frauenschule geworden ist, ist die von Kindergärtnerinnen- und Jugendleiterinnen-Seminaren. Ziel und Umfang dieser Ausbildung ist neuerdings fester begrenzt und der zu behandelnde Lehrstoff genauer bezeichnet worden durch die Ministerialvorschrift vom 6. Februar 1911 und die Prüfungsordnungen vom 16. August 1911 (Zentralblatt 1911 S. 258 ff. und 530 ff.).[13]) Danach können eingerichtet werden:

1. Kurse zur Ausbildung von Kindergärtnerinnen,
2. Kurse zur Ausbildung von Jugendleiterinnen.

Zweck der Kurse erster Art ist die Befähigung zur Tätigkeit als Kindergärtnerin in Familien und in kleinen Kindergärten, zweiter Art zur Leitung von mehrgliedrigen Kindergärten, Kinderhorten, Kinderheimen und ähnlichen Anstalten zur Pflege und Erziehung der Jugend außerhalb der Schulzeit. Zugelassen werden zum ersten Kursus solche Bewerberinnen, welche eine staatlich anerkannte Frauenschule mindestens ein Jahr besucht und an dem Unterricht in der Kindergartenunterweisung sowie in den Fächern Pädagogik, Religion, Deutsch, Gesundheitslehre, Kinderpflege und Bürgerkunde mit Erfolg teilgenommen haben. Die Dauer der Ausbildung beträgt ein Jahr. Für die Zulassung zum zweiten Kursus und zur Ausbildung als Jugendleiterin ist erforderlich die Vollendung des 19. Lebensjahres, das Zeugnis über das Bestehen der Abschlußprüfung an einer staatlich anerkannten, zur Ausbildung von Kindergärtnerinnen berechtigten Frauenschule und bereits erfolgte praktische Bewährung durch ein Jahr als Kindergärtnerin. Die Dauer der Ausbildung als Jugendleiterin beträgt also noch zwei Jahre. Kurse der ersten Art sind verbunden mit den Frauenschulen der Königlichen Elisabethschule in Berlin (Direktor Kannegießer), der Kaiserin-Auguste-Viktoria-Schule in Stettin (Direktor Prof. Dr. Böddeker), des Städtischen Lyzeums mit Oberlyzeum in Barmen (Direktor Schulrat Armbrust), der Königin-Luise-Schule in Köln (Direktor Schulrat Dr. Blumberger). Welche von diesen und etwa anderen, privaten Anstalten zur Abhaltung der Prüfungen schon berechtigt sind, habe ich nicht ermittelt. Das Mindestalter beim Bestehen der zweiten Prüfung muß 20 Jahre betragen.

M. H.! Sie haben, darf ich hoffen, durch die allgemeine Charakteristik der Frauenschule, welche ich Ihnen zu geben versucht habe, selbst bereits ersehen, wo die neugeschaffene Schulart schon betriebsfähig ist und wo sie noch ihren toten Punkt hat.

Schon betriebsfähig ist sie in den Sonderkursen für Sprachlehrerinnen und des technischen Seminars mit Ausnahme derjenigen für Jugendleiterinnen.

An Sprachlehrerinnen wurden durch die Frauenschulen unterrichtet in den Jahren 1910 bis 1912 im ganzen nur 52 junge Mädchen. Es ist zweifelhaft, ob man wünschen soll, daß ihre Zahl sich in Zukunft vermehrt. Denn die Bewerberinnen erhalten auf Grund der bestandenen Prüfung zwar ein Zeugnis über die Befähigung zum Unterricht in den beiden fremden Sprachen an mittleren und höheren Mädchenschulen; aber eine feste Anstellung ist damit allein nicht zu erreichen, da die Lyzeen infolge der Anforderungen der Neuordnung erst ihren Bedarf an akademisch gebildeten Lehrkräften decken müssen. Daher wird davor gewarnt, die Ausbildung auf das Sprachexamen zu beschränken. Andererseits lehrt jedoch die Erfahrung — es bestehen nämlich außer den neuerdings den Frauenschulen angegliederten Kursen in einigen Großstädten eine Anzahl besonderer Privat-Sprachlehrerinnenseminare —, daß die zweijährige Weiterbildung in den beiden fremden Sprachen nicht ungern gewählt wird, namentlich von solchen jungen Mädchen der höheren Stände, welche nicht geradezu darauf angewiesen sind, eine Prüfung zu machen und eine Berufsstellung anzunehmen, welche aber doch für ihren Tätigkeitsbetrieb ein festes Ziel vor Augen haben wollen. Bedenkt man dabei, daß durch die Prüfungsordnung auch eine Fortführung der Bildung im Deutschen sowie Kenntnis der allgemeinen Grundsätze der Erziehung und des Unterrichts gefordert wird, so wird man immerhin zu der Meinung kommen, daß die Einrichtung von Kursen für Sprachlehrerinnen im Sinne der Idee der allgemeinen Frauenschule nicht unerwünscht ist.

Unzweifelhaft dagegen erscheint es, daß das Bedürfnis nach Einrichtung von Sonderkursen für die Ausbildung als Handarbeits-, Hauswirtschafts- und Turnlehrerin, wenigstens zurzeit, gedeckt ist. In Kiel z. B. übersteigt schon seit Jahren das Angebot die Nachfrage. Um diesem Zustande Rechnung zu tragen und zugleich sowohl den gesteigerten Anforderungen des Unterrichts zu genügen, wie auch die Verwendungsmöglichkeit zu erweitern, werden wir in Kiel deshalb voraussichtlich genötigt sein, zu beschließen, daß in Zukunft für die feste Anstellung als technische Lehrerin nicht bloß die Lehrfähigkeit für Handarbeit und Hauswirtschaft, sondern in Verbindung damit auch für eins der beiden anderen Fächer

Turnen oder Zeichnen nachgewiesen wird. In derselben Richtung, die Überfüllung zu verhindern, werden die bereits erwähnten, verschärften Ministerialbestimmungen über die Ausbildung als technische Lehrerin wirken. Ehe man also dazu kommen kann, eine neuzuerrichtende Frauenschule mit einem technischen Seminar zu verbinden, wird man die Bedürfnisfrage einer sehr sorgfältigen Prüfung zu unterziehen haben.

Diejenige Seite der Sonderkurse, welche bisher bei Neueinrichtungen von Frauenschulen nur geringe Beachtung gefunden hat, ist das Seminar für Kindergärtnerinnen und Jugendleiterinnen. Das ist natürlich, wenn man sich erinnert, daß Lehrgang und Prüfungsordnung erst im vorigen Jahre ministeriell geregelt worden sind. Es gibt zwar städtische Kindergärtnerinnenseminare, aber ein städtisches oder königliches Seminar zur Ausbildung von Jugendleiterinnen gibt es an den Frauenschulen in Preußen zurzeit überhaupt noch nicht. Es dürfte keine Frage sein, daß hier die Idee zu einer Schöpfung liegt, welche der wärmsten Empfehlung wert ist. So sagt denn auch der als erfahrener Kenner des Mädchenschulwesens bekannte Direktor der Kaiserin-Auguste-Viktoria-Schule zu Stettin Prof. Dr. Böddeker in seinem Jahresbericht Ostern 1912 (S. 18): „Große Befriedigung gewährt jungen Mädchen der Beruf als Kindergärtnerin". In gleichem Sinne äußert sich der Direktor Kannegießer der Königlichen Elisabethschule zu Berlin, welcher übrigens soeben, wie er mir mitteilt, einen Antrag auf Angliederung eines Jugendleiterinnenkursus für seine Frauenschule gestellt hat. Eine derartige Ausbildung hat jedoch viel bedeutendere Folgen als nur die innere Befriedigung der jungen Mädchen, glaube ich. Ein schönes Arbeitsgebiet wird erschlossen, das Gelegenheit zu sozialem Wirken und pädagogischer Betätigung bietet. Die unverheiratete Frau kann zu leitender Stellung an Kindergärten, Kinderhorten, Kinderheimen und ähnlichen Anstalten kommen, die in unserem Jahrhundert, das man das des Kindes genannt hat, allerwärts aus öffentlichen und gemeinnützigen Mitteln eröffnet worden sind und noch eröffnet werden; damit wird für sie auch diese Ausbildung zu einer eigentlichen Berufsausbildung. Der verheirateten Frau aber, die der körperlichen und seelischen Entwicklung ihres eigenen Kindes nur zu oft ratlos gegenübersteht, kann es ebenfalls nur von größtem Nutzen sein, wenn sie gelernt hat, wie es die ausgezeichneten ministeriellen Prüfungsvorschriften verlangen, Kinder zu erziehen, sie durch Nadelarbeit und Modellieren, Ausschneiden und Zeichnen, Gesang und Musik, Haus- und Gartenarbeit zu beschäftigen, die im Wesen der Kindheitstufe liegende innere Beziehung zum Naturleben und die auf die Nachahmung des Kulturlebens gerichtete Betätigung des Kindes in

Spiel und Arbeit zu erfassen, die Vorschriften der Gesundheitslehre zu beobachten, Volksbildungsmittel, wie Jugendschriften, Bilder und Unterhaltungen von allerlei Art geschmackvoll oder geschmacklos zu finden und das Verständnis für volkstümliche Kunst, für den Schatz unseres geistigen Volkslebens zu erweitern und zu vertiefen: wenn sie endlich — und dazu bietet sich im Kinderhort Gelegenheit — gelernt hat, die Ziele und Methoden des Volksschulunterrichts wenigstens im Überblick zu erkennen und die Kinder aller Schulstufen, auch die nicht gesunden und nicht normalen, ihren Gesichtskreis, ihre Interessen sowie ihre Leistungen bei den Schulaufgaben richtig zu beurteilen. Man braucht kein Schwärmer zu sein, um behaupten zu dürfen, daß hier durch die Frau ein Werk der Nächstenliebe und Barmherzigkeit getan werden kann, welches mehr als jedes andere dazu imstande ist, die sozialen Gegensätze, mit welchen unsere Zeit in erschreckender Weise überwuchert ist, auszugleichen, zu mildern, zu versöhnen. Die Nation ist die edelste und wird vielleicht die im Sinne der Humanität stärkste werden, glaube ich, welcher es zuerst gelingt, schon bei der Jugend das Verständnis für den Anderen, sei er ein Höherer oder ein Niederer zu erwecken, zu pflegen und unauslöschlich zu befestigen. Darum erscheint die Einrichtung von Seminaren für Kindergärtnerinnen und Jugendleiterinnen als diejenige Seite der Frauenschule, welche es vielleicht am wenigsten verdient, stiefmütterlich behandelt zu werden.

Am meisten stiefmütterlich behandelt aber, auch von mir, denn ich habe bisher von ihr noch nicht gesprochen, ist die auf der Tafel III abgetrennt und einsam dastehende Klasse F S I. Und doch möchte ich sie für die allerwichtigste halten. Sie ist es ja auch, welche der Frauenschule eigentlich den Namen gab.

Die F S I hat in ihrer bisherigen dreijährigen Existenz ein schweres Dasein gehabt. Sie ist ursprünglich überall im Geiste empfangen worden. Sie ist nicht überall zum Leben erstanden. An mehreren Anstalten, an denen sie vorhanden war, ist sie wieder abgestorben — und wo sie noch vorhanden ist, fristet sie, künstlich ernährt, meistens ein mehr oder weniger sieches Dasein. Sie ist ein Schmerzenskind, denn sie hat keine „Berechtigungen“. Darum brechen die Direktoren über sie in bewegliche Klagen aus.

Der Direktor Fitschen des Städtischen Lyzeums in Essen schreibt mir brieflich: „Gegenwärtiger Bestand 8 (gegen 18 im Vorjahre). Grund: keine Berechtigungen“. Der Direktor der Königin-Luise-Schule in Köln, Schulrat Dr. Blumberger, welcher 1910, 1911 und 1912 in seiner F S II 32 beziehungsweise 36 und 37, in seiner F S I in den zwei letzten Jahren 13 beziehungsweise 21 Schülerinnen zählte, sagt in seinem Jahresbericht 1912:[14]) „Die Erfahrung hat bereits gezeigt, daß der I. Frauenschulklasse durch die drei erstbezeichneten Abteilungen (das heißt Sonderkurse für Sprachlehrerinnen, Hauswirtschaftslehrerinnen und Kindergärtnerinnen) ein Stamm von strebsamen und zielbewußt arbeitenden Schülerinnen gesichert wird, während eine erste Klasse mit nur allgemeinem Unterricht ohne Berechtigungsprüfung einstweilen nicht zusammengebracht werden kann“. Der Direktor Dr Kühn des städtischen Oberlyzeums zu Elberfeld, welcher 1911 und 1912 in der F S II 20 und 22, aber in der F S I nur 4 und 5 Schülerinnen hatte, stellt die interessante Tatsache fest,[15]) daß durch die verschiedenen Kategorien von Frauenschülerinnen, berufslose und solche, die später zum technischen Seminar übergehen wollten, die Einheit der Frauenschule empfindlich gestört wurde. „Infolgedessen“, schreibt er, „ging der Charakter der Frauenschule, so wie er nach den Bestimmungen von 1908 ausgesprochen ist, verloren, nach denen die Frauenschule eine allgemeine Bildungsstätte sein soll. Diese Gründe haben die Schulleitung und die städtische Schulverwaltung veranlaßt, die Frauenschule aus der Verquickung mit technischen Kursen loszulösen . . .“ Das ist also genau das Gegenteil von dem, was Blumberger sagt. Der Direktor Dr. Schmidt der Augustaschule in Breslau, dessen Frauenschule nach dem Stande vom 1. Februar in Klasse II für 1910, 1911 und 1912 je 13, 19 und 15, aber in Klasse I für 1911 und 1912 je nur 8 Schülerinnen zählte, glaubt der abnehmenden Frequenz einen Riegel vorschieben zu müssen und zu können, wenn er in seinem Prospekt über die Einrichtung der Frauenschule unter Ziffer 5 anordnet: „Die Schülerinnen sind zur gewissenhaften Befolgung der Schul- und Hausordnung verpflichtet. Insbesondere muß Schulversäumnis durch Bescheinigung der Eltern begründet werden, und für den Urlaub gelten dieselben Bestimmungen wie für die Schule“. Der Direktor Dr. Rademacher des städtischen Lyzeums zu Bromberg, das für seine Frauenschule in den Jahren 1910, 1911 und 1912 in Klasse II je 12, 8 und 4, aber nur für 1911 noch 11, für 1912 dagegen keine Schülerinnen zählte, wird deutlicher wenn er sagt:[16]) „Eine angemessene Disziplin muß im Interesse der Charakterentwicklung der Schülerinnen gefordert werden, um Tändelei und Oberflächlichkeit, die mit wahlfreien Kursen so leicht verbunden ist, zu verhüten. Nur bei ernster Erfüllung der selbst auferlegten Pflichten kann die Frauenschule ein wirklicher Segen für die weibliche Jugend werden. Die Schulverwaltung gibt sich der Erwartung hin, daß die mit großen Geldopfern verbundene Einrichtung von der hiesigen Bevölkerung verständnisvoll gewürdigt wird. Sie ist unstreitig die bedeutsamste

Schöpfung der modernen Schulreform. Bringt sie auch nicht besondere Berechtigungen, so dient sie doch in hervorragendem Maße der Ausbildung der künftigen Frau und Mutter, von der das Wohl der jungen Generation und damit die Zukunft des Vaterlandes abhängt". Und endlich der Direktor des Lyzeums mit Oberlyzeum in Grunewald bei Berlin, Prof. Dr. Meyer, dessen Frauenschule 1910, 1911 und 1912 in Klasse II je 9, 13 und 5 Schülerinnen hatte, der aber zur Eröffnung der Klasse I überhaupt noch nicht gekommen ist, hat schon 1910 seine „Leiden und Freuden der ersten anderthalb Jahre Frauenschule" in einem eingehenden, sehr lesenswerten Bericht veröffentlicht.[17]) Er erzählt darin: „Ostern 1909 bezogen wir ein neues prächtiges Schulgebäude. In ihm war für das Lyzeum eine Küche, eine Waschküche und eine Plättstube vorgesehen. Die reichen Sammlungen von Anschauungsmaterial boten den wissenschaftlichen Kursen der Frauenschule alles Nötige. Geldmittel wurden freigebig zur Verfügung gestellt. Das Wohlwollen der Kolonie — sie zählt etwa 5600 Bewohner, die den begütertsten Kreisen Groß-Berlins angehören — war dem Unternehmen sicher, ebenso das des Kuratoriums: ja man kann sagen, daß man der Frauenschule mit einer wirklichen Begeisterung entgegensah. Kurz: günstiger konnten anscheinend die Bedingungen nicht liegen. Man konnte daher bei den Vorberatungen im Kuratorium meine Bedenken nicht recht begreifen und hörte mit Verwunderung meine Versicherung, daß diese Bedenken in Fachkreisen allgemein geteilt würden. Eine verständnisvolle Ausnahme bildeten natürlich die Fachgenossen, die im Kuratorium sitzen. Sie wußten, daß allerdings zu befürchten stand, man würde nichts weiter als eine neue — und zwar keine verbesserte — Auflage der berüchtigten „wahlfreien" Kurse bekommen". Ich kann es mir versagen, die wenig erfreulichen Erfolge dieser Frauenschule an der Hand des weiteren Berichtes klarzulegen, wenn Sie dafür mit den Ausführungen einer Privatauskunft, die der Direktor am 30. Mai an mich gerichtet hat und in denen er in humorvoller Weise, wie es dem Philosophen geziemt, das gänzliche Fiasko feststellt, vorlieb zu nehmen geneigt sind. Es heißt darin: „Augenblicklich haben wir fünf Schülerinnen, vier davon ehemalige Schülerinnen. Dazu einige Gastschülerinnen; doch habe ich nur solche Gastschülerinnen zugelassen, die das vorige Jahr in der Frauenschule waren. Mit diesen zu arbeiten ist ja „soweit ganz nett"; es wird ihnen auch nichts schaden. Aber Zucht ist unter den hiesigen Verhältnissen natürlich nicht hineinzukriegen. Beispielsweise: Drei von den Schülerinnen baten für Freitag um Urlaub und die beiden anderen meinten mit Recht, wir wollten dann lieber den Unterricht ganz ausfallen lassen — dann würden sie auch verreisen.

Oder: Das Kuratorium hatte gemeint, den hiesigen Verhältnissen würden Sommerferien von Juli bis Oktober entsprechen. Das P. K. S. bewilligte das erst, nahm aber die Erlaubnis im vorigen Jahr generell zurück. Die Schülerinnen aber erklärten, sie wären nur unter der Bedingung eingetreten, daß sie den Sommer frei haben würden — et le combat cessa, faute de combattants. Ob sie diesen Sommer durchhalten werden, bin ich neugierig. Aber ich kann mich Urlaubsgesuchen nicht widersetzen. Sonst bleiben sie trotzdem fort. An einer Bescheinigung ihres Besuches liegt ihnen nichts, und daß sie für das ganze Jahr bezahlen müssen, macht den reichen Leuten hier natürlich keinen Eindruck. Ich zittere nur davor, daß etwa eine einzige Getreue sich findet, dann haben wir das Vergnügen, die allein zu „unterrichten". Berechtigungen würden hier natürlich auch nicht ziehen, denn von unseren Schülerinnen verlangt keine danach, Berechtigungen zu erwerben. Ich habe es schon in jenem Bericht ausgesprochen: uns könnte nur geholfen werden, wenn die Frauenschulklasse I und II als 11. und 12. Schuljahr dem Lyzeum angegliedert würde derart, daß sie auch dessen Lehrplan entlasteten und ergänzten. Dann würde sich die Übung, auch noch zwei Jahre länger auf der Schulbank auszuhalten, allmählich herausbilden, wie man sich an die erste Klasse gewöhnt hat . . ."

Mögen die Gründe, welche die Direktoren für den schwachen Besuch der ersten Klasse nach ihren besonderen Erfahrungen glauben anführen zu müssen, verschieden sein, so spricht doch aus den Ausführungen mit großer Deutlichkeit die eine Tatsache allgemein, daß die Existenz der F S I gefährdet ist. Das läßt sich ziffernmäßig genauer nachweisen. Von den 33 Frauenschulen hatten Ostern 1912 die erste Klasse nur die vier Königlichen Anstalten in Berlin, Posen und Trier, und die sieben städtischen Anstalten in Königsberg, Danzig, Stettin, Breslau, Hildesheim, Köln und Elberfeld, im ganzen also 11 Frauenschulen. Davon hatten eine leidlich gleichmäßige Frequenz wieder nur die vier Königlichen Anstalten, nämlich in Berlin die Augustaschule 1911: 30, 1912: 15 Schülerinnen und die Elisabethschule 1910: 28, 1911: 27, 1912: 20, in Posen die Königliche Luisenstiftung 1910: 15, 1911: 9, 1912: 7 und in Trier das Königliche Lyzeum 1911: 20, 1912: 17 Schülerinnen, während die städtischen Anstalten darin großen Schwankungen unterworfen waren, nämlich in Königsberg 1911: 7, 1912: 1, in Danzig 1912: 17, in Stettin 1911 und 1912 je 11, in Breslau 1911 und 1912 je 8, in Köln 1911: 13, 1912: 21, in Elberfeld 1911 und 1912 je 4 und in Hildesheim 1911: 16, 1912: 12 Schülerinnen hatten. Man sieht, es sind nur die größten preußischen Städte mit Einwohnerzahlen von 170000 aufwärts bis zu 525000, in denen die erste Klasse der Frauenschule vorhanden ist. Die einzige Ausnahme macht das kleine Hildesheim mit 50000 Einwohnern.[18])

Trotz dieser entmutigenden Erfahrungen sind die Fachmänner übereinstimmend der Überzeugung, daß es in hohem Maße bedauerlich sein würde, wenn der Gang der Entwicklung wäre, daß die Frauenschule nicht in der Art erhalten bliebe, wie sie die Neuordnung von 1908 gedacht hat, wenn vor allem die Klasse F S II ihre Zwecke nur darin sähe, die Vorstufe zu bilden für die weitere Ausbildung in besonderen Fachseminaren. Die bedeutsame Tagung des Deutschen Vereins für das höhere Mädchenschulwesen, welche vom 1. bis 6. Oktober des vergangenen Jahres in Dresden stattfand,[19]) hat in der Erkenntnis ihrer hohen Wichtigkeit der Frage der Frauenschule allein einen ganzen Verhandlungstag gewidmet und der Vorsitzende des Vereins, Geheimer Hofrat Keim aus Karlsruhe, der bekannte Leiter des ersten Mädchengymnasiums, das in Deutschland errichtet wurde, hat die allgemeine Stimmung richtig gekennzeichnet, wenn er in seinem Schlußwort sagte: „Wir stehen am Schlusse einer angespannten und anspannenden Diskussion über eine Frage, die für unsere nationale Kulturentwicklung von außerordentlicher Bedeutung ist; diese Bedeutung legen ihr schon jetzt mehrere deutsche Regierungen bei. Das Erfreuliche ist, daß in dieser Anschauung die aus dem ganzen Vaterlande in besonders großer Menge versammelten Schulmänner und Schulfrauen sich vollkommen einig gezeigt haben, und daß sie einig sind in dem begeisterten Willen, ihre Kraft für diese Überzeugung einzusetzen". Daher sind die Leitsätze höchst beachtenswert, welche diese Tagung ergeben hat und welche, soweit die Organisation in Frage kommt, lauten:

I. Für die Frauenschule bildet die höhere Mädchenschule die Grundlage; für ihre innere Ausgestaltung sind die örtlichen Verhältnisse zu berücksichtigen.

II. Die Frauenschule ist keine Fachschule. Sie gibt vielmehr die allgemein zu erstrebende Vorbereitung auf den Beruf der Frau in Haus, Gemeinde und Staat. Sie kann die Vorstufe bilden für die weitere Ausbildung in besonderen Fachseminaren.

III. Die Verbindung von Frauenschule und Lehrerinnenseminar ist grundsätzlich abzulehnen. Ebenso ist der Besuch der Frauenschule zur Vorbereitung auf die Handarbeits- und Sprachlehrerinnen**prüfung** mit den besonderen Aufgaben der Frauenschule nicht vereinbar.

M. H.! Es kann nach dem, was diese Tagung der Mädchenschullehrer Deutschlands als Ergebnis gezeitigt hat, und auch nach dem, was ich in dem Vorhergesagten nachzuweisen versucht habe, kein Zweifel sein: wenn eine Aufgabe unseres deutschen Schulwesens der Lösung zugeführt zu werden verdient, so ist es die der Frauenschule, nicht so sehr in ihrer Abteilung der Sonderkurse für Sprachlehrerinnen, sondern viel mehr in der Abteilung für Kindergärtnerinnen und Jugendleiterinnen, aber vor allem in den beiden Klassen FS II und FS I der allgemeinen theoretischen und praktischen Weiterbildung ohne Berechtigungen und ohne Prüfungen.

Gestatten Sie mir nur noch ein paar Worte über die Mittel, die man bisher angewendet hat, um die allgemeine Frauenschule lebensfähig zu machen und zu erhalten. Sie haben sie zum größten Teil aus den Klagen der Direktoren über den schwachen Besuch schon kennen gelernt. An einigen Anstalten werden die Stunden der Klassen FS II und FS I kombiniert, entweder mit denen des höheren Lehrerinnenseminars oder mit denen des technischen Seminars. Dies Mittel ist als Notbehelf gut für den Anfang, für die Gewöhnung, für die Erhaltung eines Stammes in den Klassen. Es ist zu verwerfen, sobald sich die Einrichtung durchgesetzt hat, da die Ziele der drei Abteilungen im Grunde verschieden voneinander sind. Andere Anstalten verbinden mit den Kursen besondere, geschlossene Vorträge in der Art, wie sie etwa die Oberschulbehörde in Hamburg dem Publikum bietet. Dies Mittel scheint mir persönlich vortrefflich zu sein, wofern man die Teilnahme nicht nur den eigentlichen Frauenschülerinnen, das heißt den sechzehn- und siebzehnjährigen jungen Mädchen, welche nach den Ministerialbestimmungen an wenigstens 12 Wochenstunden teilnehmen müssen, gestattet, sondern auch solche Hörerinnen zuläßt, welche nach ihrem Bildungsstandpunkt den Vorträgen zu folgen vermögen. Es gibt sicherlich eine Menge Mütter, z. B. gerade in kleineren Städten, welche an der Seite ihrer schulentlassenen Tochter gewiß mit großer Regelmäßigkeit und Gewissenhaftigkeit einem Vortrage über Gesundheitslehre, Haushaltungskunde oder Religion und Kunstgeschichte, hauswirtschaftliches Rechnen oder Kinderpflege zuhören und in der Diskussion, welche die ministeriell vorgeschriebene „freiere Lehr- und Lernweise“ gestattet, nicht nur das Wort ergreifen würden, sondern auch befruchtend wirken könnten. Daß solche Frauen mit ausreichender Vorbildung nicht teilnehmen dürften, ist nicht vorgeschrieben, da der Eintritt bei einem Mindestalter von 16 Jahren gestattet, nicht aber bei einem etwaigen Höchstalter verboten ist. Aus denselben Erwägungen heraus kann ich mich auch nicht, ehe nicht ausreichende Erfahrungen anderes erweisen, auf den Standpunkt derjenigen stellen, welche behaupten, daß Hospitantinnen, auf deutsch Gastschülerinnen, denen gestattet ist, nur an Einzelfächern teilzunehmen, den regelmäßigen Besuch der Vollschülerinnen beeinträchtigen, indem sie ihnen so etwas wie ein schlechtes Beispiel geben. Lehrreich ist, daß Halle an seiner städtischen Frauenschule 1912 66 Hospitantinnen neben 10 Vollschülerinnen, Magdeburg 1911 85 neben 27 und 1912 41 neben 5, Wilhelmshaven 1911 22 neben 9 und 1912 12 neben 1, Barmen 1912 20 neben 19 und Elberfeld 50 neben 22 für die zweite Klasse, Trier 1912 sogar für die erste Klasse 38 Hospitantinnen neben 17 Vollschülerinnen hatte. Wenn die ministeriellen Vorschriften die schöne Freiheit in der Bewegung nach dieser Richtung gestatten, so kann sie schädlich sein nur dadurch, daß sie zu wenig, gewiß nicht dadurch, daß sie zu viel benutzt wird.

Die beiden letzten Mittel, welche ich zu besprechen habe, werden von denjenigen, die für sie eintreten, geradezu als Allheilmittel hingestellt, nämlich die „angemessene Schulzucht" und die „Berechtigungen".

Der Besuch der Frauenschule unterliegt in keiner Weise dem Schulzwange: man fordere ihn also! Ist es nicht sonderbar? Überall, wo das sogenannte „Schulelend" mit seinen harten Forderungen von Sollen und Müssen, die an das Kind gestellt werden, die Gemüter erregt, macht man Vorschläge und Versuche, den Zwang zu lindern. Man verringert den Lehrstoff, man ermäßigt die Versetzungs- und Prüfungsforderungen, man gestattet Ausgleich schwacher Leistungen gegen gute; man regt zu freiwilligen Arbeiten über selbstgewählte Themata an, man schafft die Extemporalien ab, man führt die Selbstverwaltung, die Selbstdisziplin für die Schüler ein, man behandelt das Kind individuell. Der Direktor, welcher allzu scharf reglementiert, kann leicht als ein Tyrann, der Lehrer, welcher allzu genau nach dem Schema F urteilt, allzu schnell als Pedant verschrieen und nicht sehr, von den Schülern wie vom Publikum, geschätzt werden. Doch hier, wo der Zwang nicht ist, oder doch nur auf ein Mindestmaß beschränkt ist, verlangt man ihn für die jungen Mädchen, da sie „im Alter des einseitigen Individualismus stehen", gebieterisch zurück, als ob die Zwanglosigkeit die Wirkung hätte wie die Himmelskraft des bekannten Feuers aus dem Glockenguß, welche furchtbar wird, wenn sie der Fessel sich entrafft. Es war bezeichnend und nicht ohne einen gewissen humoristischen Beigeschmack, daß auf der Dresdener Tagung des Vorjahres diejenige Persönlichkeit, welche an die Stelle einer „angemessenen" sogar eine „feste und scharfe" Schulzucht bei den jungen Mädchen gesetzt wissen wollte, eine Direktorin war, also eine Vertreterin ihres eigenen Geschlechts. Aber eine andere Persönlichkeit, die es diesmal wirklich besser wußte, obwohl sie ein Direktor war, warnte vor solcher engen, schulmeisterlichen Auffassung des Wortes „Schulzucht“ und verlangte vielmehr von der Frauenschule geradezu, daß sie sich von der Schule emanzipiert, daß sich in ihr freier Unterricht und freie Aussprache entfesseln, daß die jungen Mädchen in ihr zur „Selbstbestimmung heranreifen“. Damit ist wohl das richtige in puncto Schulzucht getroffen.

Und schließlich die „Berechtigungen“, welche die Frauenschule nicht hat. Obwohl es, nebenbei gesagt, nicht ganz stimmt, denn durch den zweijährigen Besuch der staatlich anerkannten Frauenschule erwerben die Schülerinnen schon jetzt die Berechtigung zum Besuch der neugegründeten Frauenhochschule in Leipzig als „Studierende“![20]) Und diese bietet eine wissenschaftliche Ausbildung auf pädagogischem und philosophisch-literarischem, außerdem neben der wissenschaftlichen auch eine praktische auf sozialem Gebiete: es sollen an ihr Prüfungen mit bestimmten Berechtigungen abgehalten werden. Jedoch das Publikum ist, so scheint es, so sehr der Freiheit in der Wahl dessen, was es auf dem Gebiete des Schulwesens für notwendig hält, entwöhnt, daß es für seine Töchter fordert, was ihm bei seinen Söhnen so viel schlaflose Nächte bereitet, nämlich offenbar ein Abiturientenexamen an der Frauenschule, durch welches das junge Mädchen amtlich auf Herz und Nieren geprüft wird, ob es das Ziel erreicht hat. Das Ziel der Frauenschule — Sie erinnern sich, meine Herren! — ist die Vorbereitung auf den Beruf als Frau und Mutter! Ein Abiturientenexamen dafür: difficile est satiram non scribere . . . Angesichts eines so großen Mangels an Verständnis hilft nur eins: unermüdlich und zäh auf das Publikum aufklärend zu wirken, oder, wie Keim in Dresden sagte: „Mit allen Mitteln muß die Übung oder das Übel bekämpft und überwunden werden, daß Eltern der höheren Bevölkerungsklassen ihre Töchter grade im bildungsfähigsten Alter der planmäßigen Vorbereitung für ihr eigenes persönliches Leben und für das allgemeine soziale Leben entziehen“.

Diese Mittel nun, meine Herren, welche alles in allem nicht mit zu großem Erfolge im Laufe der vergangenen drei Jahre von den um das Wohl und Wehe der allgemeinen Frauenschule besorgten Direktoren angewendet worden sind, muß man wohl als äußere Mittel bezeichnen. Sie fassen das Übel nicht bei den Wurzeln. Gibt es kein inneres Mittel?

Sie alle, m. H., kennen das Schlagwort von der weiblichen Eigenart. Es taucht immer wieder in den Schriften derjenigen Pädagogen auf, welche sich mit der Frage der spezifischen Frauenbildung beschäftigen, mögen sie modern oder rückständig sein. Es bildet den eigentlichen Kern der Frage. Die einen bejahen die weibliche Eigenart, die andern verneinen sie. Man fordert gleichen Unterricht und gleiche Erziehung für Knaben und Mädchen, man lehnt sie ab. Man ist für Koedukation, man ist wider sie. Die gelehrte Forschung hat sich des Problems bemächtigt und die experimentierende Psychologie, die noch jung ist, ist so weit gekommen, daß sie wenigstens im allgemeinen die Fragestellung präzisiert hat: Ist die geistige, das heißt intellektuelle Eigenart der Frau begründet in der physiopsychologischen Natur des weiblichen Geschlechts oder ist sie nur die Folge von Kultureinflüssen? M. H.! Mögen die Gelehrten das Problem zu ergründen versuchen! Für den Lehrer, welcher seine Schulkinder wissenschaftlich zu beobachten versteht, ist eine unumstößliche Erfahrungstatsache, daß Mädchen anders unterrichtet und erzogen sein wollen als Knaben, und der erfahrene Direktor, welcher eine Mädchenschule zu leiten hat, weiß, daß es nicht deshalb umständlicher ist, Lehrer zu gewinnen, weil die Mädchen für weniger leistungsfähig gehalten werden als die Knaben, sondern weil sie schwerer zu behandeln sind. Aber Direktoren und Lehrer, welche solche Künstler sind, daß sie Mädchen behandeln können, wissen auch andererseits, daß die Tätigkeit an Mädchenschulen weit mehr als an Knabenschulen Lehrer und Schülerinnen persönlich nahe bringt, daß dadurch der unterrichtliche wie der erzieherische Einfluß stärker sein, zum Genuß, zur Freude, ja zum Entzücken werden kann, daß in reziproker Wirkung die Schülerinnen Vergnügen an der Schule haben und daß es bei Mädchen tatsächlich zu erreichen möglich ist, nicht, daß sie stöhnen, wenn sie in die Schule gehen sollen, sondern daß sie weinen, wenn sie zu Hause bleiben müssen. Das ist persönlich meine nicht zu erschütternde Überzeugung, weil es meine jahrelange Erfahrung an Knaben- wie an Mädchenschulen ist. Mag sein, daß solcher Enthusiasmus der Mädchen für die Schule im Grunde ein Enthusiasmus für den Lehrer oder, da er sich — das ist an jeder Mädchenschule festzustellen — durchaus nicht bloß auf den Mann in ihm richtet, für die Lehrerin ist. Aber sehr merkwürdig bleibt, daß der Enthusiasmus sich niemals auf den nur durchschnittlich guten, sondern immer auf den besonders tüchtigen Lehrer lenkt. Aus dieser Erkenntnis der weiblichen Eigenart, der Psyche des Kindes und des jungen Mädchens heraus sollte sich das stärkste Mittel bieten, der Frauenschule ihren Erfolg zu sichern. Man übertrage den Unterricht nicht ohne weiteres den Lehrkräften, welche an dem mit der Frauenschule verbundenen Lyzeum gerade vorhanden sind, bloß weil sie es wünschen oder weil sie nicht übergangen werden können, weil sie die erforderlichen Lehrberechtigungen haben oder weil sie die Nächsten dazu, d. h. die Ältesten sind. Sondern man übertrage ihn und dazu prüfe man den Lehrerbestand der ganzen Stadt, Enthusiasmuserzeugern, denjenigen jenseits des Dutzends, welchen die Mädchen ergeben sind, welche sie vollkommen in der Hand haben und unterrichten können. Die Begeisterung für den „famosen" Lehrer, das werden Sie mir zugeben, wenn Sie sich Ihrer eigenen Schulzeit erinnern, bleibt wach und hell bis in das höchste Alter. Wie sollte sie es nicht bei sechzehn- und siebzehnjährigen jungen Mädchen bleiben, so daß sie noch über die Schulzeit hinaus zwei Jahre an die Schule gefesselt werden!

Mit solchen Lehrkräften eine Frauenschule zu errichten, durch sie in freier Lehrweise Unterrichtsstoffe behandeln zu lassen, welche sowohl den sprachlichen, literarischen oder ästhetischen Interessenkreis erweitern, wie auch in die künftigen Lebensaufgaben einer deutschen Frau und des weiteren Gemeinschaftslebens, in die Elemente der Kindererziehung und Kinderpflege, in Hauswirtschaft, Gesundheitslehre, Wohlfahrtskunde, sowie in die Gebiete der Barmherzigkeit und Nächstenliebe anregend und warmherzig einführen: muß man ein Schwärmer sein, um zu hoffen, daß auch kleinere Städte eine solche Hochschule für Frauenbildung schaffen können?

Man muß an Möglichkeiten glauben, will man sie zu Wirklichkeiten machen, und erst, wenn man Ziele hat, kann man sie erreichen.[21])

Zusätze.

[1]) Auf Grund des ME. vom 1. Februar 1912 — U II Nr. 18522 U III D — ist die Namensänderung der Bildungsanstalten für die weibliche Jugend rücklaufend bis 1909 durchgeführt. Es bezeichnet also „Lyzeum" die zehnstufige, als höhere Lehranstalt anerkannte höhere Mädchenschule und „Oberlyzeum" sowohl die Frauenschulklassen (FS I und FS II) wie auch die drei wissenschaftlichen Fortbildungsklassen (OL I, OL II, OL III) nebst Seminarklasse (SK) des früheren sogenannten „Höheren Lehrerinnenseminars". — Für die Bezeichnung der Studienanstalten sind die in Teubners „Statistischem Jahrbuch" üblichen Abkürzungen beibehalten; es bezeichnet also StAg = Studienanstalt als Gymnasium, StArg = Studienanstalt als Realgymnasium, StAorf = Studienanstalt als Oberrealschule eingerichtet.

[2]) Es ist vielleicht doch von Interesse, in der Buchausgabe des Vortrages die Spezialtabellen zu finden; deshalb seien sie auf S. 27 angefügt.

Zu 2: Die höheren Lehranstalten für die weibliche Jugend in Preußen.

Lfd. Nr.	Provinzen	Anstalten	Lyzeen			Oberlyzeen FS			Oberlyzeen OL+SK			Studienanstalten G			Studienanstalten Rg			Studienanstalten Orf		
			1910	1911	1912	1910	1911	1912	1910	1911	1912	1910	1911	1912	1910	1911	1912	1910	1911	1912
1	Ostpreußen	königl.																		
		städt.	7	10	10	2	3	3	5	5	5				1	1	1			
		priv.	11	11	11	1	1	1	4	4	4									
2	Westpreußen	königl.																		
		städt.	8	10	10			1	6	6	6				1	1	1			
		priv.	8	8	7				3	3	3									
3	Brandenburg	königl.	2	2	2	2	2	2	2	2	2	1	1	1				1	1	1
		städt.	48	52	56	1	1	1	11	11	12				5	5	5			
		priv.	29	34	36	4	4	4	6	4	4									
4	Pommern	königl.																		
		städt.	6	9	10		1	1	4	4	4					1	1			
		priv.	5	5	5				1	1	1									
5	Posen	königl.	1	1	1	1	1	1	1	1	1				1	1	1			
		städt.	2	2	2	1	2	1	2	2	2									
		priv.	3	5	5															
6	Schlesien	königl.																		
		städt.	9	15	17	1	2	2	2	3	4				2	2	2		1	1
		priv.	33	33	34	5	5	5	4	6	6									
7	Sachsen	königl.	1	1	1		1	1	1	1	1									
		städt.	4	19	19		1	2		3	3					3	3			
		priv.	6	6	6		2	2		3	3									
8	Schleswig-Holstein	königl.																		
		städt.	9	9	9	1	1	1	4	5	5									
		priv.	3	3	4	2	2	2	1	1	1									
9	Hannover	königl.																		
		städt.	19	22	22	1	2	4	7	7	7				1	1	1			1
		priv.	9	11	12	2	3	4	3	4	5									
10	Westfalen	königl.																		
		städt.	12	18	22	2	2	2	5	6	6				2	2	2			
		priv.	12	14	16		2	4	10	11	11				1	1	1			
11	Hessen-Nassau	königl.																		
		städt.	9	13	15	1	1	1	2	2	2				2	2	2			
		priv.	8	17	16		3	3	1	2	3									
12	Rheinprovinz	königl.	1	1	1	1	1	1	1	1	1				1	1	1			
		städt.	29	36	38	7	8	9	9	9	9		1	1	4	5	5			
		priv.	50	55	58	10	12	13	6	9	8	1			2	2	2			

[3]) Vgl. Güldner, Die höheren Lehranstalten für die weibliche Jugend in Preußen. 2. Aufl. Halle 1912. Ziff. 15.

[4]) Vgl. Güldner, ebenda.

[5]) Vgl. Conrad-Elster-Lexis-Loening, Handwörterbuch der Staatswissenschaften. Jena 1911. Bd. 8, S. 710.

[6]) Besonders von Direktor Freymark-Hildesheim, gedruckt in den „Protokollen des 44. Städte-Vereins", S. 14-37, und von Direktor Dr. Tesdorpf-Danzig, gedruckt in den „Verhandlungen des 19. westpreußischen Städtetages", S. 32-36 — Vereinzelte lesenswerte Beiträge finden sich in den drei letzten Jahrgängen der „Höheren Mädchenschule" sowie der „Frauenbildung".

Zu Tafel I: Für den Übertritt der Abiturientinnen der Studienanstalten in das praktische Jahr (Klasse SK) des Oberlyzeums ist grundlegend der Ministerialerlaß vom 3. April 1909, U III D 5649. U II, U I. Vgl. Zentralblatt 1909, S. 411 ff., Ziff. III.

[7]) Die schematische Zusammenstellung der Tafel ist erfolgt mit Hilfe des Direktors Freymark-Hildesheim, der mir gelegentlich der Besichtigung seiner Anstalt und seiner ausgezeichnet praktischen Frauenschuleinrichtungen überhaupt mit Rat und Tat in dankenswertester Weise an die Hand gegangen ist.

[8]) Vgl. Jahresbericht der Königlichen Luisenstiftung in Posen von Direktor W. Gall, Schuljahr 1911, S. 3.

[9]) Vgl. Güldner, a. a. O., Ziff. 8.

[10]) Vgl. Jahresbericht des Königin-Luise-Lyzeums und des Oberlyzeums in Tilsit von Direktor Buechler, Ostern 1912, S. 84.

[11]) Vgl. „Berechtigungen für die Schülerinnen höherer Lehranstalten", zusammengestellt von Oberlehrerin Martin im 35. Jahresbericht der Königlichen Elisabethschule (Direktor Kannegießer) zu Berlin, Ostern 1912, S. 39 f. — Auch: Jahresbericht der Kaiserin-Auguste-Viktoria-Schule (Direktor Prof. Dr. Böddeker) zu Stettin, Ostern 1912, S. 17 f., sowie Jahresberichte des städtischen Lyzeums und der angegliederten Bildungsanstalten (Direktor Dr. Kühn) zu Elberfeld, Ostern 1911, S. 36 ff. und Ostern 1912.

[12]) Die Zusammenstellung ist erfolgt nach einer mir von Direktor Freymark-Hildesheim gütigst überlassenen amtlichen „Nachweisung der anerkannten Seminare und Kurse zur Ausbildung von Lehrerinnen der weiblichen Handarbeiten und der Hauswirtschaftskunde" (M. f. H. u. G. IV Nr. 115 und M. d. g. U. A. III A. 3329 U II W.)

[13]) Vgl. auch „Bestimmungen über die an Frauenschulen erfolgende Ausbildung von Kindergärtnerinnen und Jugendleiterinnen". Berlin 1911, Cotta, S. 13.

[14]) Jahresbericht der Königin-Luise-Schule in Köln, Ostern 1912, S. 45.

[15]) Jahresbericht, Ostern 1912, S. 41.

[16]) Jahresbericht, Ostern 1912, S. 13.

[17]) Vgl. „Die höhere Mädchenschule", Jhrg. 1910, S. 503-517.

[18]) Die Besuchsziffern der städtischen Frauenschulen in Preußen sind so lehrreich, daß ich glaube, die Tabelle, aus welcher die angeführten Zahlen entnommen sind, ganz veröffentlichen zu müssen. Die Zusammenstellung ist erfolgt auf Grund von Fragebogen, welche die Direktoren der beteiligten Anstalten auf meine Bitte selbst auszufüllen die Güte gehabt haben. Nur über München-Gladbach, von wo trotz wiederholter Anfrage eine Antwort nicht zu erhalten war, fehlen nun die Angaben leider (vgl. S. 29).

Zu 18: Frequenzen der städtischen Frauenschulen in Preußen.

Lfd. Nr.	Städte	I. Allgemeine Frauenschule												II. Sonderkurse mit Fachausbildung																	
		Klasse II						Klasse I						a) Sprachlehrerinnen			b) Technisches Seminar														
		Vollsch.			Hosp.			Vollsch.			Hosp.						Hdb.-L.			Hsw.-L.			Tu.-L.			Kindg			Jugl.		
1	Insterburg	8	9	5[17]																											
2	Königsberg	12	7	13					7	1																					
3	Tilsit	11	13	9																	11	3		9[1]							
4	Danzig		29	13	[2]					17																					
5	Berlin,																														
	Aug.-Sch.	47	33	34					30	15										14	11	16									
6	„ Elis.-Sch.[3]	27	36	28				28	27	20																	9	16			
7	Grunewald	9	13	5				7		3																					
8	Stettin		15[4]	17[4]					11[4]	11[4]					2	3											8	5			
9	Bromberg	12	8	4	6				11			4																			
10	Posen	25	28	24	[5]			15	9	17						15											7				
11	Breslau	13	19	15					8	8																					
12	Kattowitz	6																													
13	Droyßig		13	10						13[6]						3						10									
14	Halle			10			66																								
15	Magdeburg	40	27	5		85	41																								
16	Neumünster	10	3	4					5												3										
17	Celle	10	16	1	2		3						11[7]																		
18	Hannover		38	33												12									34						
19	Hildesheim	18	21	19		8	11		16	12					3	3		9	9		8	8		10	10						
20	Wilhelmshaven		9	1		22	12															12									
21	Bielefeld	10	5	2	10																										
22	Minden	7	6		3				1																						
23	Wiesbaden	23	23	7																											
24	Barmen[8]	16	18	19			20																				6	5			
25	Köln	32	36	37	72	[9]									5			3				12						4			
26	Krefeld[10]	3	20	15	1		2									1	25[11]	24	8	26	25	15			18						
27	Duisburg[12]	7	10	15																											
28	Elberfeld[13]	24	30[14]	22	25	—	30	4		4																					
29	Essen		12	18																											
30	Kreuznach[15]	8	10	11																		6					4	2			
31	München-Gladbach																														
32	Saarbrücken			17			4																								
33	Trier	20	?	23[16]						17			38																		

Bemerkungen zur Tabelle „Frequenzen der städtischen Frauenschulen in Preußen“.

1) Der Kursus besteht nur alle zwei Jahre.

2) Hospitantinnen werden grundsätzlich nicht aufgenommen.

3) 1909 in Klasse II schon 29 Vollschülerinnen; 22 Schülerinnen Ostern 1910, 25 Ostern 1911 in II und 18 Schülerinnen Ostern 1910, 21 Ostern 1911 in I.

4) Für allgemeine Frauenschulklassen wie für Fachausbildung zusammengenommen.

5) Hospitantinnen gab es nur für Latein, und zwar 1911: 27, 1912: 38.

6) Die etatsgemäße Zahl von Frauenschülerinnen (20) kann wegen Platzmangels vorläufig nicht aufgenommen werden.

7) Kursistinnen.

8) 1909 in Klasse II schon 12 Vollschülerinnen.

9) Vorläufig keine Hospitantinnen wegen Umbaues der Klassen.

10) 1909 in Klasse II schon 5 Vollschülerinnen.

11) Die Sonderkurse mit Fachausbildung sind nur zum kleinsten Teil aus der Frauenschule hervorgegangen; sie haben seit Ostern 1912 den Charakter eines selbständigen technischen Seminars.

12) 1909 in Klasse II schon 6 Vollschülerinnen.

13) 1909 in Klasse II schon 12 Vollschülerinnen.

14) Die große Anzahl erklärt sich daraus, daß der erfolgreiche Besuch der Klasse II zum Eintritt in die Klasse II des technischen Seminars berechtigte. Seit Ostern 1912 besteht jedoch ein besonderes, dreiklassiges Seminar und damit ist der Besuch der Frauenschule als vorbereitender Anstalt weggefallen.

15) 1909 in Klasse II schon 7 Vollschülerinnen.

16) Im Sommerhalbjahr 21 bezw. 16 und 2 Schülerinnen.

17) Die drei Zahlen nebeneinander in jeder Kolumne geben für die drei Jahre 1910, 1911 und 1912 (nach dem Stande vom 1. Februar) die Frequenzen an.

[19]) Vgl. „Frauenbildung", Jhrg. X, 1911 vom 22. Dezember, S. 547—566.

[20]) Vgl. Jahresbericht des städtischen Oberlyzeums zu Elberfeld, Ostern 1912, S. 41.

[21]) Die Diskussion, welche sich an den Vortrag anschloß, ist abgedruckt in den „Verhandlungen des 17. Schleswig-Holsteinischen Städtetages zu Kiel am 15. Juni 1912" (Magistrat Kiel). Es bestand zuerst nicht die Absicht, sie hier wiederzugeben. Aber da ich aus einigen an mich gerichteten Anfragen ersehe, daß es wichtig ist, die Stellung kennen zu lernen, welche der Schleswig-Holsteinische Städtetag zur Frage der Errichtung von Frauenschulen eingenommen hat, und da es mit Umständen verknüpft, die im Buchhandel nicht erscheinenden „Verhandlungen" in die Hand zu bekommen, sei schließlich auch der Wortlaut der Diskussion nach dem stenographischen Bericht hier noch angefügt. Nach einleitenden Worten des Vorsitzenden Oberbürgermeisters Dr. Fuß nahm die Debatte folgenden Verlauf.

Oberbürgermeister Schnackenburg-Altona: Meine Herren! Wer die Entwickelung des Mädchenschulwesens verfolgt hat, der weiß, was ja auch schon von dem Herrn Referenten ausgeführt wurde, daß, als die Mädchenschulreform kam, mit großem Enthusiasmus die Frauenschule begrüßt wurde und mit großen Zweifeln die Studienanstalt.

Wenn Sie die Zahlen ansehen, die Ihnen der Herr Referent gegeben hat, und wenn Sie an die Erfahrungen denken, die von uns selbst oder in anderen Städten gemacht worden sind, so muß man sagen, daß sich das Verhältnis anfängt umzudrehen. Man zweifelt immer mehr an den Frauenschulen, man hofft immer mehr von der Studienanstalt.

Meine Herren, ich stehe ganz auf dem Standpunkt des Herrn Referenten, daß das Wünschenswerte für unsere allgemeine Mädchenerziehung die Frauenschule ist. Ich bin durchaus der Ansicht, daß eine Erziehung, wie sie in der Frauenschule vorgesehen ist, für unsere weibliche Jugend das Richtige sein wird, und daß man es nicht für wünschenswert halten kann, wenn etwa allgemein eine Ausbildung, wie sie unsere Jungen auf den höheren Schulen bekommen, nun auch unsern Mädchen zuteil werden sollte.

Ich stehe allerdings nicht auf dem Standpunkt, den man ja auch sehr viel einnimmt, und der besonders — die Herren werden mir das nicht übelnehmen — von den älteren Herren sehr oft eingenommen wird, daß gesagt wird, wir wollen die Mädchen nicht als gelehrte — der Ausdruck sei mir erlaubt — Frauenzimmer herumlaufen sehen, sondern wir wollen, daß unsere Mädchen möglichst für das Haus erzogen werden und möglichst im Hause leben sollen.

Ja, meine Herren, das ist sehr hübsch und gut und hört sich sehr gut an und hat auch sicher sehr viel Berechtigtes in sich. Aber, meine Herren, wenn wir an die ungeheure Zahl — so darf ich doch wohl sagen — von Mädchen denken, die nun vorhanden sind und die ihren Platz in der Welt haben wollen und die sich nicht damit begnügen wollen, darauf zu warten, ob sie heiraten können oder nicht — wenn wir die betrachten, dann müssen wir doch sagen, weder die bisherige Töchterschule noch die Studienanstalt ist das allein Richtige, sondern wir müssen dafür sorgen, daß unsere Mädchen eine Ausbildung bekommen, die sie in besonderem Maße befähigt, ihren Platz im Leben auszufüllen. Und da gehe ich nun einen etwas anderen Weg wie der Herr Referent.

Der Herr Referent sagte auch, die Frauenschule solle möglichst allen Mädchen zuteil werden. Er will aber keinen Zwang ausüben — so habe ich ihn verstanden —, sondern er will sie indirekt in die Frauenschule hineinbringen, indem er die Frauenschule mit möglichst ausgezeichneten Lehrkräften ausstattet. Ich glaube nicht, daß sich die beiden Gedanken, die Frauenschule zu einer allgemeinen Einrichtung zu machen und dies nur durch die Verwendung von ausgezeichneten Lehrkräften zu erreichen, vereinigen lassen. Ich glaube, gerade die kleinen Städte würden doch ganz außerordentliche Schwierigkeiten haben, nun so ausgezeichnete und so besondere Lehrkräfte heranzuziehen, wie sie von dem Herrn Referenten verlangt werden. Ich fürchte, das wird ihnen bedauerlicherweise nicht möglich sein. Ich bin der Überzeugung, daß man sich hier vor einem energischen Schritt nicht scheuen darf. Nach meiner Ansicht soll man ruhig die Frauenschule obligatorisch machen, ähnlich wie die Fortbildungsschule für Mädchen, die ja jetzt in vielen Städten schon eingeführt wird — wir stehen auch zum Beispiel vor der Frage und fangen schon an, uns die Sache zu überlegen. Ebenso wie wir für die unteren Klassen die Fortbildungsschule für Mädchen einführen, ebenso und in ähnlicher Art könnte man nach meiner Ansicht wohl auch den Zwang zum Besuch der Frauenschule einführen. Wenn man annimmt, die in ihr gebotene Art des Unterrichts, diese Art der Fortbildung unserer weiblichen Jugend ist etwas Gutes und wird die Mädchen fördern, dann soll man sich auch sagen: aus staatlichem Interesse muß verlangt werden, daß von dieser Einrichtung auch Gebrauch gemacht wird. Ich würde mich freuen, wenn der Herr Referent in dieser Beziehung seine Ansicht noch äußern würde.

Sehr dankbar, glaube ich, können wir dem Herrn Referenten für die Fülle von Material aus der Praxis sein, das er uns gebracht hat. Ich weiß nicht, ob viele Städte unter uns vor der Frage der Einrichtung einer Frauenschule stehen. Ich glaube aber kaum, daß sich eine Stadt, die eine höhere Mädchenschule hat, der Verpflichtung wird entziehen können, sich diese Frage der Errichtung einer Frauenschule sehr ernsthaft vorzulegen, und da werden diese Mitteilungen, die uns der Herr Referent aus der Praxis gemacht hat, ganz außerordentlich wertvoll sein.

Sie werden auch aus diesen Mitteilungen ersehen, meine Herren, daß die Errichtung der Studienanstalten in viel größerem Maße die Aufgabe der großen als der kleinen Städte sein wird. Wenn eine solche Anstalt am ungeeigneten Platze errichtet wird, wird es kaum gelingen, sie zu rechter Blüte zu bringen. Die Studienanstalten müssen nach meiner Ansicht eine breite Basis zur Gewinnung ihres Schülerinnenmaterials haben und müssen an den Orten errichtet werden, die dazu durch die Natur der Dinge (Lage, Verkehrsverbindungen usw.) geeignet sind, und die vor allen Dingen auch die erforderlichen Mittel für eine Studienanstalt aufbringen können. Deshalb ist es nach meiner Überzeugung eine gewisse Ehrenpflicht der großen Städte einer Provinz, dafür zu sorgen, daß dieser Zweig des weiblichen Unterrichts wenigstens nicht vernachlässigt wird. Und wir stehen in Altona vor der Frage, gerade auch aus diesem Gesichtspunkt heraus, ob es nicht unsere Pflicht ist, die Einrichtung einer Studienanstalt in die Wege zu leiten, weil wir uns eben sagen, es darf doch nicht heißen, daß in Schleswig-Holstein als der einzigen Provinz keine Studienanstalt vorhanden ist.

Ich hoffe, wir werden zu einer Lösung kommen, obgleich allerdings vorläufig bei uns die Ansichten noch reichlich auseinandergehen.

Ich kann also auch meinerseits nur dem Herrn Referenten für seine außerordentlich interessanten und lichtvollen Ausführungen danken. Er hat zu Anfang darauf hingewiesen, daß das Schulwesen für unsere weibliche Jugend auch vollständig in den Händen der Städte liegt. Meine Herren, wir Städte haben keine Veranlassung, uns zur Übernahme von Aufgaben zu drängen, denn sie fallen uns wirklich in reichem Maße schon zu; aber diese Aufgabe, meine Herren, glaube ich, können wir ruhig mit einem gewissen Enthusiasmus, wie der Herr Referent wünschte, auf uns nehmen.

Bürgermeister Rickmers-Apenrade: Die Frauenschule will das Mädchen für das Leben erziehen. Vorbedingung ist der Besuch einer höheren Töchterschule. Wenn das Mädchen für das Leben erzogen werden soll, so, finde ich, müssen Mittel und Wege geschaffen werden, daß nicht nur die höheren Töchter dazu fähig gemacht werden, mindestens müßte der Besuch der Mittelschule schon als Vorbedingung zugelassen werden, wenn nicht auch noch von der Volksschule aus ein Anschluß möglich sein soll.

Vorsitzender: Wenn aus der Versammlung das Wort nicht mehr gewünscht wird — und das ist nicht der Fall — so schließe ich die Diskussion und gebe dem Herrn Berichterstatter das Schlußwort.

Stadtschulrat Dr. Poppe-Kiel: Meine Herren! Ich habe nur ein ganz kurzes Wort meinen Ausführungen hinzuzufügen.

Ein Schulzwang, wie ihn Herr Oberbürgermeister Schnackenburg fordert, ist eingeführt in allen Abteilungen der Frauenschule, mit Ausnahme der beiden Klassen FS II und FS I. Diejenigen Schülerinnen also, welche die Sonderkurse besuchen, auch die Abteilung für das Kindergärtnerinnenseminar, sind gezwungen, dem Unterricht regelmäßig beizuwohnen, nur nicht die Schülerinnen der Klassen FS II und FS I. Der Vorschlag, den Herr Oberbürgermeister Schnackenburg macht, geht auf dasselbe hinaus, was der Herr Direktor Meyer von der Frauenschule in Grunewald bei Berlin wünscht, daß nämlich der zehnjährige Besuch der höheren Mädchenschule um zwei Jahre obligatorisch verlängert wird. Aber ich glaube nicht, soweit ich darüber unterrichtet bin, daß an den maßgebenden Stellen des Ministeriums Neigung dazu besteht, der zehnstufigen höheren Mädchenschule noch zwei einjährige Klassen aufzusetzen und für sie ebensolche festen Vorschriften zu bestimmen, wie für die anderen Klassen. Ich stehe doch auf dem Standpunkt und habe das ausgeführt, daß ich einen Schulzwang gerade für diese jungen Mädchen nicht für glücklich halte.

Druck: Friese & Fuhrmann, Magdeburg.